Du même auteur :

Aux éditions BOD

La Câprière
ISBN : 978-2-9534456-5-7

L'enclos
ISBN . 978-2-8106183-0-9

Promenade
ISBN : 978-2-8106173-5-7

La source
ISBN : 978-2-8106179-5-1

Peau douce
ISBN : 978-2-9534456-3-3

L'aveu
ISBN : 978-2-9534456-6-4

Liberté
ISBN : 978-2-8106125-7-4

Femmes
ISBN : 978-2-8106124-8-2

Ma terre
ISBN : 978-2-8106163-8-1

Erotisme
ISBN : 978–2-8106228-7-0

Vivre d'espoir
ISBN : 9782810622023

La naissance
ISBN : ISBN 9782810625437

Alma mater

©2013 HIRAM

Le Code de la propriété intellectuelle interdit les copies ou reproductions destinées à une utilisation collective. Toute représentation ou reproduction intégrale ou partielle faite par quelque procédé que ce soit, sans le consentement de l'auteur ou de ses ayants cause, est illicite et constitue une contrefaçon sanctionnée par les articles L. 335-2 et suivants du Code de la propriété intellectuelle.

ISBN : 9782810627110

HIRAM

Alma mater
Poèmes

"Le plus important n'est pas ce que l'on donne aux autres mais ce que l'on éveille et permet en eux."

Jacques Salomé

Préface

Hiram ! Un ami de plus de quarante ans. Dans cet ouvrage il y exprime ses souvenirs brillamment, comme dans les précédents.

Sa vie personnelle !

A cru avoir eu le temps d'aimer, a mangé tout cru le temps passé, a tout perdu, tant pressé de vivre et d'aimer. A cru, s'être lié à l'amour pour toujours, hélas ! A chaviré dans le temps des regrets du passé, des rêves secrets, le temps du temps bonheur. Ici, pour un petit moment, a fait pleurer son cœur.

Ses amis !

Avec une plume alerte, donnant à l'amitié l'image de la vie, non pas la sienne celle des hommes d'aujourd'hui
J'écoute ce qu'il dit, quand il m'interroge sur l'amitié.

Suis-je ton ami ?

Oui, lui dis-je, tu es celui que ma vieille mémoire n'a pu oublier. L'amitié ! Dit-il, est le sel de la vie, qu'il faut entretenir dans une relation humaine.

Sans oublier son attachement à la fraternité entre tous les hommes de bonne volonté pour une vie meilleure et plus éclairée.

En toute fraternité et amitié

Jacques Benoit

Je dédie ce recueil, à mes chers amis J. et F. Benoît en souvenir d'une longue et admirable amitié.

Quand la poésie raconte la vie, elle est la vie.

Hiram 2012

Méditation

J'écoute
La vie
En mouvement,
Le chuintement
Du ruisseau,
Le chant
De l'oiseau,
La brise du vent
Dans les roseaux,
La nature au vivant.

Je regarde
Les papillons
Dans les airs,
Les Abeilles
Sur les fleurs,
Et les roses s'épanouir

Moi,
Dans l'air pur du matin
A l'orée du bois
Je ressens
Un vrai bonheur
Au milieu des fleurs,
Où chantent les oiseaux
Où chuintent les ruisseaux
Où la brise du vent
Escortent
Mon âme morose
Comme pétale de rose
Que le vent emporte.

Le soleil jaune

Une atmosphère pure,
Un lever
De soleil,
Un voyage
Qui ne dure
Que le temps
D'une aurore,
Et le ciel
Se colore
En un jour vermeil.

Une longueur
D'onde
Différente,
Et la lumière
Du ciel,
Change du bleu,
Au jaune orangé,
Un incendie
En ciel
De miel.

Le soleil jaune
Sur l'horizon
Monte
Jusqu'aux étoiles
Dans un ciel
Sans voile.

En course
folle
Vers l'étoile,
Du Berger,
A la recherche
De la nuit,
Pour éteindre
Le soleil jaune.

L'autre et moi,

Que dire encor !
Que vous ne connaissez pas,
Vous connaissez mon corps
Mon âme ! Je ne sais pas.

De cette ambivalence
Entre ce que je suis,
Et ce que j'avance
De jours et de nuits,

Il y a l'autre, et moi,
Le moi, est celui du jour,
L'autre, je crois
Est resté bien sourd.

Je n'ai jamais su
Donner un peu de l'autre,
De ce mal entendu
Le moi, a été le vôtre.

Aux heures des bilans
Je pense devoir
Au soir de mes vieux ans
Sans émouvoir,

Exprimer dans ces volumes
Un peu de l'autre
Sans amertume,
Faire de moi, un autre.

La vie n'a déroulé
Devant vous, que le moi.
Dans cette vallée
Du vécu, il y avait l'autre.

Le moi, a voulu construire
Une vie, un amour,
L'autre est resté en épure
En moi, jusqu'à ce jour.

Le moi, s'est épuisé
De jour en jour un peu plus,
Quand l'autre s'est aiguisé
A la fuite des jours, in situ.

Le moi, a rêvé sans cesse
De ne jamais décevoir,
Hélas ! Pour donner sa richesse,
La vie, doit aussi décevoir.

Le moi s'est consumé
Dans un feu brûlant,
De toutes ces années
L'autre, est né céans.

J'ai rêve de vous madame

J'ai rêve d'une femme
Qui avait une âme,
J'ai rêvé d'une fleur
Chère à mon cœur.

J'ai rêvé du bonheur
Dans mon âme,
J'ai rêvé d'une femme
Chère à mon âme.

J'ai rêvé de sa flamme
Dans ma nuit,
J'ai rêvé de son charme
Au soleil de minuit.

Dans le feu de mon âme,
J'ai aimé ce corps de femme
Aux couleurs de mon âme,
J'ai rêvé de vous, belle-dame.

Mélusine ?
(Caducée de la poésie)

Médiévale légende d'une
Écriture en
Langue
Universelle pour le
Support
Intelligent d'une
Nouvelle
Ecriture de rencontres.

Rencontre du destin

Rencontre d'un destin,
Où, sur le même chemin

Les mots ne se sont pas dits,
Seul, les yeux se sont compris.

Et de nos chemins séparés
La tendresse est restée,

A écouter le pur silence
Sans lire au fond des yeux,

La vie a parfois ses raisons
De passer en tourbillon

Destin ! Quelque peu bizarre
D'une rencontre, sans phare.

Au revoir Jean, mon F…

Les épreuves de la vie sont des tempêtes à l'image d'un océan en furie….

Quand la vague dépose sur le rivage, un visage pour le souvenir, la houle remonte au cœur, nos erreurs, et nos fautes.

Le vent de bourrasque dans la foule des hommes, déchaîne les passions comme la vague ronge la roche, et un jour. c'est la nuit, le visage du souvenir n'est plus qu'un reflet de lune dans nos mémoires.

A cet instant de nouvelle tristesse où je surfe sur la vague de mes vieux ans, le soleil des mots réchauffe mon cœur, pour un petit temps encore, avant d'aller sur la plage, avec les autres, contempler l'éternel océan des tempêtes de la vie, dans la sérénité des nuits étoilées, alors je pense à toi

Que cette image, soit pour nous, malgré les aléas, un peu de peine dans nos cœurs au souvenir de ce que tu n'as pas su reconnaître.

Le soleil ne t'a pas toujours habité…tu auras la lune pour méditer… et nous ton souvenir..

Au revoir Jean, mon F… sur le rivage des rencontres du silence, nous aurons tout le temps de revoir nos différences, de nous comprendre hors la foule des hommes.

Dans l'infini de la nuit nous nous retrouverons avec tous nos FF… à l'orient éternel, sans plus d'âge… une dernière fois avec moi mes FF…

Il est minuit, c'est l'heure du repos des hommes de bonne volonté.

Solitude d'un soir

Le crépuscule
Couvre
Le jour qui recule,

La nuit s'ouvre
A ma grande solitude,
Et je souffre

De cette habitude
Maintenant,
Dans ma décrépitude.

Le temps,
Pour moi aujourd'hui,
Est un tourment.

Les nuits
Courtes sans sommeil
Fuient,

Les jours au réveil
Me rapproche
De l'éternel sommeil,

C'est moche,
De partir au regret
D'avoir été un fantoche.

L'heure est arrivée,
Regrets au cœur
De n'avoir pas su donner,

Exprimé, le meilleur
De soi même,
La souffrance du cœur,

L'âme en peine
Exprimé en mots
Dans ce modeste poème.

La vie, la plus belle fleur de la nature.

Que dire ? Que faire ?

Que je dise
La vérité
De ma pensée
Avec sincérité,
Ou mensonge,
Avec célérité,

J'ai le regret
De ne pouvoir
Faire accepter
Mes dires,
Sans ce doute.

Je redoute
Le mensonge
Pris pour vérité,
Et la vérité
Pour le mensonge.

Que faire ?
Pour ne plus avoir
Cette inquiétude,
A faire respecter
La vérité,
Suis consterné
Sans cesse
D'être suspecté.

Quoi que je fasse
Tout lasse,
Que faut-il faire ? Mentir
Pour devenir
Crédible ?

Que faut–il que je dise ?
Rien,
Laisser braire
Et bien faire
La vérité
Se suffit à elle-même.

Cœur de femme

Joli sein de cœur
Comme deux soleils
De nos jeunes années d'éveils,
En couronne de fleur,

Sous magnifique chevelure
Offert en bouquet
De fière et vive allure
Sous mains animées

Mon âme changeant
D'expression, de perdition,
Je vous aime tant
Cœur de femme mignon.

Sans refus de chagrin,
Sein de tentation, à la rosé
Des matins câlins
Je trébuche de volupté,

Au sublime jardin
Du cœur des femmes
Quand de mes fiers matins
Mes yeux sans larme s'enflamment.

Jardinier à genoux
Au pied de la rivière d'or,
De cette fragile beauté, fou
D'amour, je m'en dors.

L'orchidée

Dans un joli pré,
Quelque part égarée,
Une fleur isolée
Belle, et parfumée.

Je me suis baissé
Sur sa corolle de beauté,
Une Orchidée !
A moi s'est montrée
Imprévue, élégante, raffinée
De blancheur immaculée,
Là, à l'orée du bois mouillé
Ce matin de rosée.

Soyeuse, satinée,
Chargée de sérénité
De magie éthérée,
Comme découpée
D'un voile étoilé,
L'orchidée
Des prés ici, s'est posée

Une amie fragile

L'amitié,
Se donne
En entier,

Se pardonne,
S'oublie,
Se façonne.

Fragile amie
De mes nuits,
Enfouie

Dans le puits
De mes souvenirs,
Aux gargouillis

Du pur désir
D'un jour,
Approfondir

L'amour,
De cette amie,
L'amitié de mes jours.

Course au temps

Quand le soleil
Rejoint la terre
Et la lune les étoiles
Je suis à terre
Dans mon sommeil
Sous la toile
Rêvant aux souvenirs
Du temps des temps,.
De ma jeunesse
D'antan.
De cette époque
Qui fiche le camp
Ou ces nouveaux ans
Traquent
Le temps qui passe
Et qui lassent
Les vieux ans.

Quand le soleil
Chasse les étoiles
Que la lune rejoint la terre
Je finis mon sommeil
Sous un voile
De brume cavitaire
Je retrouve le temps
Des jours solitaires
De la vie
Dont l'âme se nourrit
Sans vie.

Astrologie, comportements humains
(La fibre neutre)

Bélier

Primaire, vit en fonction et en réaction du présent
Impulsif, indiscipliné, agite sa vie, agressivité mordante
Instinct de conquête inassouvie.

Esprit vif d'entreprise, joue un rôle de chef, dans l'émotion voit son entourage comme lui-même, un Risque tout, intuitif avant tout, brûle sa vie, viril à outrance.
(Baudelaire, Van Gogh, Einstein, Lénine, Zola)

La femme insoumise, ne se soumet que devant un homme supérieur en force et grandeur, avec un complexe de virilité
(George Sand, Simone de Beauvoir)

Rendez-vous toujours trop long, gigote

Taureau

Un ruminant, entier, lent, âpre au gain, sain,
Instinctif, de nature paisible, pacifique assimile lentement les choses, sans plus, qu'il analyse, une force statique en puissance concentrée, sanguin explosif, peut devenir terrible.

Aime la nature, la terre passion sensuelle, tant le Bélier est sec, que le taureau est dilaté.

La main chaude, accueillante, bonté naturelle, une bonne pâte de mari, l'union tient à la communion charnelle.
    (Balzac, Brassens, Tino Rossi, Trénet, Cocteau)

La femme, demande une preuve d'amour, épouse douce, apaisante, sait pleinement remplir son rôle maternel sexuelle, agréable maîtresse, sait retenir son partenaire
    (Line Renaud)

Parler d'argent ! Voit rouge…

Gémeau

Superficiel, mobile, fugace, distrait, flâne, indéterminé, aptitude à l'oublie, inconstant dans ses sympathies, un bel infidèle.

Accessible au bobard, insouciant, peu créateur, rapide, ne s'attache ni aux êtres ni aux choses, une nature curieuse.

Un roseau pensant, virtuosité dialectique, rêve sa vie vit son rêve, joue sa vie ou vit son jeu, espiègle à un besoin de paraître, un Arlequin, deux personnages en un.
    (Musset, Céline, le Corbusier, Sartre)

La femme, caractère souple, n'appartient à personne prête à se donner à chacun, pressée, difficile à refuser. Intelligence compréhensible, tact, raffinement, épouse de goût, excellente collaboratrice..
    (Madame de Sévigné, Françoise Sagan)

A découvrir Ni oui ! Ni non ! Difficile à cerner

Cancer

Intelligent, maternel, lymphatique, sédentaire, « cherchez la mère vous trouverez le cancer » Tendre, vulnérable, réceptif, émotif, désarmé face à l'agressivité de la vie, a besoin de sécurité, attaché à la maison, sédentaire, vie douillette, difficile à vivre rêve sa vie, s'il ne peut vivre son rêve.

Intelligence maternelle, le petit père tranquille, paisible, calme, bon mari, un cœur qui rêve l'amour.
(Cocteau, Dali, La Fontaine, Montaigne, Proust)

La femme, soigne son corps amoureusement comme une chatte, est dentelle, élégante, discrète, simple, gracieuse, femme enfant, ingénue.
(Marie Antoinette, M. Morgan, Viviane Romance)

La maison, La famille toujours au centre du dialogue.

Lion

Tempérament de feu, passionné, activité émotive, au tonus vital, agressivité, être vaincu est une faiblesse, l'obstacle doit céder. L'appétit de vivre, le démon d'ambition dans la peau, caractère puissant, a le goût d'étaler sa puissance, sa richesse, altier, fier, loyal.

Organise, dirige, dérangé proteste énergiquement, aime la vie, égocentrisme rayonnant.
(Paul Claudel, Alexandre Dumas, Mussolini..)

N'est pas lion, pour rien…

La femme a le souci de sa beauté, parade, paraître avec éclat, place l'orgueil très haut, grande coquette.

Fait de l'amour sa carte à jouer, conduit sa barque dans le sens de ses ambitions…joue la politique de grandeur amoureuse, est portée vers un époux rayonnant, d'un rang supérieur au sien devient de ce fait…. un objet de convoitise

En société ébouriffes sa crinière...

Vierge

Tempérament nerveux, raffiné, délicat, aux réactions complexes, multiples facettes, pour lui les plus petites choses peuvent avoir la plus grande importance.

Voit trop clair, pour prévoir le danger, devine le tragique de la vie, craintif, réfléchit bien avant d'agir.

D'instinct à une vision réaliste de la vie, moraliste, un désir profond de la culture, sens du pratique, danse sur un volcan, sentiment du devoir, honnêteté scrupuleuse rectitude du caractère, susceptible irritable, amour excessif de l'ordre, rectitude a le sens des responsabilités.
        (Th Gautier, Diderot, Colbert, Richelieu, Rossard)

Participe volontiers au ménage

La femme, goût sûr de sa toilette, plaît par sa simplicité, disciplinée, pudeur et chasteté timide, sens du devoir, de l'organisation, excellente femme d'intérieur.

Ambivalente, surprend son monde, ingénue libertine ou diable…

Pointilleux à souhait, analyse, décortique, range.

Balance

Nerveux, penche entre la spontanéité et la méditation, un sentimental, liant, communicatif, agréable, d'un charme discret.

Gagne les cœurs, s'attache aux gens à la mesure de sa volonté, a besoin de contact, être sociable, sait adhérer au groupe.

Féminise sa toilette, élégant, mondain, snob, s'épanche comme il respire.
(Louis XIII, Lamartine, Henri IV, Gandhi)

La femme, n'a pas conscience de son pouvoir de séduction, c'est la femme au sens le plus pur, construit son couple, collaboratrice rêvée, trouve son équilibre dans le couple. craint la désunion, mais reconstruit à la force de ses sentiments.
(La Montespan, La Barry, Ingrid Bergman)

Contact très agréable, couples d'harmonies, sait plaire

Scorpion

Tempérament bilieux, de nature instinctive, se torture dans l'ardeur, exaspération, pulsion violente, il faut s'incliner, âpre à la vie, intrépide devant la mort, souvent en orage avec la vie. érotisme, agressivité.

Armé pour la vie pour se défendre, souvent attaque terrible ambivalence, sexe-anus, destruction-création, réalisme-brutalité. abject-le sublime.

Mauvais accueil aux conseils, se révolte contre la pression à cheval sur ses droits, défend sa dignité, Individualiste par nature, rebelle à toute discipline.

Débrouillard, insolent, se plaît souiller à contaminer, à détruire les objets à sa portée, porté vers le sale, le laid, le mauvais, le cruel, débraillé, insolent..

Son vouloir, est lié à son pouvoir de dire non., sensuel, puissant, exigeant,
    (Edgar Poe Rodin, Jouvet, Picasso, Camus, Malraux, Goebbels)

« Je n'ai jamais pu aimer que là où la mort mêlait son souffle à celui de la beauté ou bien là où l'hymen, le temps et la beauté marchaient entre elle et moi»
    Edgar Poe

« La condition humaine, la mort est là comme l'irréfutable preuve de l'absurdité de la vie (la voix royale.) la lute avec l'ange... »
    Malraux

La peste, l'étranger, la chute, Le mythe de Sisyphe
    Camus

Femme de peu de goût pour sa toilette, plus de magie que de chic, pour dégager son magnétisme.

La loi du sexe est aussi impérieuse pour la femme, féminine, érotique, vamp par excellence, pour réduire l'homme à sa merci.

Se reconnaît au visage, à la poignée de main, chaleur vive, à la voix, mordante, secret, étrange, inquiétant, complexe de l'amour et de la mort.
(Edith Piaf, Maria Casares, M.Sologne)

« Si je t'aime, prends garde à toi! »
Carmen
Le regard glace, muet à tout dialogue

Sagittaire

Instinct de grandeur, veut être au plus profond de lui-même, homme complet a le goût des abîmes du cœur un moi en expansion, recherche l'évasion de son cadre race, famille, patrie, ne veut pas être un soliste à la symphonie collective, sens inné de la solidarité, tolérant, indulgent, ouvert.

Prétention seigneur male, grandeur pour soi à l'extrême, sa force réside dans l'aisance de son jeu, du savoir-vivre de l'allure, rebelle, esprit frondeur.

Désir d'ambition la flèche est son audace de pensée.
(Beethoven, Berlioz, Pierre Brasseur, Churchill ,Walt Disney
Mermoz, Fallières)

La femme, susceptible, deux types du signe
La cyclothymie
Féminité marquée, l'honneur, la grandeur morale, vie ordonnée, indulgente avec beaucoup de largesse.
(Mme de Maintenon, Mme Récamier)

La Schizothymie
Un véritable garçon manqué dans son enfance, adulte il lui en reste quelque chose, a besoin de jouer, de braver la vie, faire les quatre cent coups, ivresse de l'aventure
(La reine Christine de Suède, Marie Stuart)

Rien n'est jamais assez beau, le prix rabaisse le « caquet ».

Capricorne

Voilà les grandes ambitions d'un terrien, aucun magnétisme, une absence d'impression, un froid facile à l'isolement, la tranquillité, ne s'étonne de rien, in-émotivité.

Nerveux dur, solidité d'un roc, un solide équilibre puissante réserve d'énergie concentrée, robuste sérénité de l'âme stabilité morale, haute volonté de jugement.

Flegmatique, met ses actes d'accord avec sa parole, c'est un esprit de géométrie, tendance à se replier, sans esprit d'équipe, n'est pas fait pour une courte réussite mais pour une durable réalisation.

Un cœur fermé, réservé, signe le plus étranger à l'amour. Ne tombe pas amoureux facilement, ambitieux froid.
(Talleyrand, Joffre, Mazarin, Utrillo, Staline, Saint Simon
Péguy Pasteur Herzog Cézanne)

La femme, aussi réticente que l'homme à l'abandon de sa sensibilité, apparaît comme une femme froide, sans cœur, sèche revêche, se confine facilement dans le célibat, fait taire sa sensibilité, une épouse sérieuse consciencieuse d'une affection silencieuse et fidèle.
(Elisabeth I° d'Angleterre, Elisabeth II d'Angleterre)

Regard simple, effacement de lui même, froideur.

Verseau

De l'espérance à la révolte, éloigné de l'instinct, étranger sur terre, nature profonde et intime, la sincérité honnête foncière, scrupuleux, vide psychique, une belle sérénité large d'accueil, plane au dessus des choses.

A besoin d'une passion souveraine pour son équilibre expansif en surface, renfermé à l'intérieur, le renoncement à la puissance lui donne une certaine sagesse.

Passionné, soif d'aventure, refus des normes de la vie, ne fait pas toujours comme les autres, tient à la vérité pour l'atteindre ne recule pas, a le soucis de la clarté, vue large, pensée claire.
Sa devise « l'ennui naquit un jour de l'uniformité » amour libre, est un grand thème affectif du verseau.
(Jules Verne, F.Roosvelt, Robespierre, Mozart, Manet H.Rousseau, Prévert)

La femme, indépendante, amoureuse de l'aventure folle n'en est pas moins féminine, excellente formatrice de la personnalité de son compagnon, a ce besoin de donner. Dans un plein sentiment de liberté. Leur danger est le désappointement à la déception.

(Juliette Greco, Colette)

Attend de la vérité du professionnel dans une attitude de retrait au début.

Poisson

Individualité rien ne lui semble essentiel important, émotif, influençable, vulnérable, ne suit jamais un chemin régulier c'est un hésitant, apparaît prêt à la désintégration.

Tout en lui tâtonne, cherche se fuit, flotte, son dialogue :
« Nous constatons que…nous convenons que... nous décidons que etc.
Pas d'unanimité intérieure, cacophonie psychique
un être faible, son « impersonnalisation » en fait un désintégré, brouillon, incohérent.
Vous glisse entre les doigts, sait brouiller les pistes, un véritable illusionniste, « noie le poisson ». Le douteux fait bon ménage avec le meilleur. J'aurais été soldat si je n'étais poète… » V. Hugo
(Aristide Briand, Victor Hugo, Michel Ange, Ravel, Renoir, G.Washinton)

La femme, vibre avec sa nature profonde, pour elle la toilette n'est pas une question de chic.

Grande romanesque, attirée par l'étrange, si l'homme ne déclare pas toujours sa flamme, la femme aime en silence, dans le secret à l'abri de tous les regards

Bonne épouse, d'un grand dévouement, abnégation parfaite, avec esprit de sacrifice excessif
      (Ste Thérèse, de Lisieux, Mme Rolland)

Ne va jamais au bout de sa pensée

Note de réserve

Loin de moi prétendre me substituer aux professionnels de L'astrologie, j'ai utilisé leurs compétences pour donner une modeste synthèse, incomplète.
Pour exposer mes conclusions relevées tout au long de ma carrière professionnelle. En béton armé, en son centre, il y a une ligne de moindre effort qui se dit la « fibre neutre » j'ai constaté qu'il en était de même pour les signes astrologiques..

Dans l'intimité professionnelle avec le client, j'ai remarqué que chacun d'eux réagissait selon cette « fibre neutre » les rattachant tous à leur signe respectif.

Bien que chaque signe se modifie en fonction de l'ascendant, du milieu social, de la culture, de l'aisance pécuniaire, il n'en reste pas moins que nous les retrouvons tous réunis en cette « fibre neutre ». Cette analyse se dégageait à la suite de nombreuses rencontres qui excitait ma curiosité, me troublait face à cette similitude commune.

Le Bélier : Vitalité fébrile, provoquant « gigote sur sa chaise »
Taureau : Tranquille, réagissait au « son de l'argent »
Gémeau: Regardait ailleurs, n'écoutait que d'une oreille…
Cancer : Obnubilé à créer un toit, pour sa famille.
Lion : Agressivité au dialogue ne lui convenant pas.
Vierge : Chiant, à vouloir tout comprendre, tout analyser.
Balance: Très agréable toujours d'accord sachant plaire.
Scorpion: Viril, agressif parfois défend… tout.
Sagittaire: Orgueil démesuré, sans le « sous »
Capricorne Gentillesse personnifiée.
Verseau : Pas de reconnaissance physique, tact et discrétion.
Poisson : Insaisissable, fuyant, au contact flou.

Sans être absolument convaincu de l'influence des astres sur les hommes. Pourquoi, que sur les hommes ?
Nous ignorons cette « fibre neutre » de dépendance astrale sur les animaux, les plantes, je reste troublé des ces réactions communes observées.

Qui sait, si demain, par l'évolution constante des techniques et du cerveau de l'homme, les scientifiques ne démontreront–ils pas l'autorité de la nature sur les êtres vivants d'elle.

J'aurais voulu être là…

Les personnalités citées, et bien d'autres encore, sont le reflet évident de leur signe.

Ecrivains, artistes, politiques, etc., donnent tous inconsciemment dans leurs œuvres la « fibre neutre « de leur personnalité.

Observez, écoutez, lisez … vous serez convaincu….

Je t'aime !

Mot suprême
Que l'on aime
A dire, qui renferme
L'affection, le germe
De la vie elle-même.

Dans les poèmes,
En mots bohèmes
Sans anathème,
Dire je t'aime, emblème,
Musical, thème
Et apothème,
Au cœur même
De celle que l'on aime.

Sans blasphème
Offert en diadème
Comme gemme
Ce mot, je t'aime
N'a jamais de carême
Et as valorem
Selon la valeur extrême
De l'amour archiphonème.

Pour une amitié,
(Décès d'un jeune ami de Christine)

Que dire !
Que faire !

Suite au décès
D'un jeune ami
Disparu à l'âge
Même de la vie.

Si non offrir
L'amitié sincère,
Au seul désir
De soulager
Quelque peu la peine,
D'un cœur chagriné.

Dans ces circonstances
L'amitié
De convenance
Prend toute sa valeur,

La vie
Ayant la fragilité
D'un pétale de rose,
Déchirée
De sa fleur,
Parfois, par une simple brise.

Quand une fleur

De la vie
Se fane et meurt,
Reste dans nos cœurs,
Le temps
Des larmes à partager,
Vérité d'un seul instant
D'amitié entre amis.

Pensées CXIV à CXXIII

Pensée CXIV

Quand une rose de la vie, se fane et meurt, le temps des armes se partage avec les amis, et ceux qu'on aime...

Pensée CXV

Le temps ! Est l'instant précieux où la vie grandit

Pensée CXVI

    L'amour ne se vole jamais, il naît avec la jeunesse des cœurs

Pensée CVII

L'absence ! C'est l'arbre qui a perdu son feuillage.

Pensée CVIII

Ceux qui sont aimés font souffrir
Ceux qui aiment, souffrent..

Pensée CIX

La vie, la plus belle fleur de la nature

Pensée CX

Si vous voulez inviter un «sportif connu»? Ayez une maison, qui flatte son compte en banque.

Pensée CXI

La vie ! Se présente à la naissance comme un chéquier dont on prélève à chaque moment important, un chèque sur l'avenir…La sagesse, veut d'éviter les graves erreurs le chéquier n'est pas renouvelable…

Ce que nous offre la vie, est à protéger

Pensée CXII

Le présent n'est jamais satisfait du passé.

Pensée CXIII

Aux âmes propres, le vide des anciens, rapproche les cœurs, quand les grands événements de la vie, font ressortir les sentiments…

Le tiroir

Ouvrir le tiroir
Des souvenirs
Ce soir,
Est une envie, un désir,
A rechercher
Un peu, du passé à chérir,

Me précipiter
A la vie du passé,
Un mot, une photo à retrouver,
Celle d'un été
Sur un vieux rocher,
Face à la méditerranée.

J'ai le cœur brisé
De revoir ces images d'amour
Si bien conservées

De ce jour.
Je me souviens
Des heures de velours,
D'une image, l'instant devient
Un rêve disparu
D'un si beau matin.
Aujourd'hui devenu
Déesse d'un autre jour
Pour un autre tiroir inconnu.

Mon âme brûle toujours,
Je sais, que dans un autre,
Tiroir il ne peut y avoir de l'amour.

Je ferme ce miroir
Où mon âme vagabonde
A vouloir
Du passé,
Chérir ce souvenir
De mon cœur attristé,

Et aussi au plaisir,
A me remémorer
Ce jour, avant de mourir.

Sous l'amandier

Au pays du soleil
Levant,
Sous le ciel
Pur de l'orient
Suis venu t'apporter
L'amour de l'occident.
A toi, beauté,
Suis venu
De si loin cet été
Chercher le lotus
Blanc
Sous les cactus.

Nu, tout blanc,
Dévêtu de ma vie
Pour longtemps,
Nous voici
Sous l'amandier en fleur
Pour la vie.

Nos deux cœurs,
Réunis au désir
D'un grand bonheur,
Au souvenir
Haletant
De ne jamais le voir finir,

Je t'offre en présent
Cette fleur d'Amandier
Cueillie au soleil levant,
Et ce brin d'Olivier
De ma Provence.
Fasse que ces deux colliers
Mêlés en luminescence
Ne soit jamais oubliés.

Totus.. tu us   (A toi..tout à toi.)

Acta est fabula
(La pièce est jouée)

Ici suis venu,
D'ici sortirai
Les pieds nus
Par la porte d'orient
Du soleil levant,
Pour aller en avant
Chercher l'oubli
De tous les soucis
D'une vie agitée
A mes vieux ans.

Ici suis venu
Un jour de désordre,
Tout nu
J'en partirai
Dans un bel ordre,
Peu importe
Quand on passe
La porte d'orient,
Tout, désormais
N'est que futilité.

Ici, c'est
Ma dernière décennie
Du nouveau siècle,
Je ferme
Le grand cercle
De la vie.

Acrostiche,
(Paroles acides, Tristesse de l'âme)

Provoquantes
Assurément,
Rancœurs des
Ombrages sans
Limite, ni
Espoir de
Sens.

Alors,
Cruels
Instants
D'émotions,
Echangées
Sûrement, la

Tendresse,
Reçoit ces
Indélébiles verbes
Singuliers, sans
Triomphe sans gloire à
Egaler la
Sérénité et la
Sacrée,
Elégance

De l'homme
Egratigné, par ce

Langage

Agressif, non
Mérité, au père,
Empreint de générosité.

Une pensée de Sacha Guitry. qui illustre cet Acrostiche :

« Sur vingt personnes qui disent du mal de vous, dix neuf vous
« font du mal, la seule qui vous veut du bien… le dit mal…. »

Les larmes d'une amie
(Dédié à une amie)

Dans la ville, la foule
Ondule comme la houle.

Une jeune femme
Y perd son âme

Pour noyer un chagrin
D'amour, devenu venin.

Doucement portée,
Presque soulevée,

Même dénudée
De ses habits mouillés

De pleurs, de rancœur,
D'avoir perdu un bonheur.

Des jours, des nuits
De douleurs, depuis,

Ces longs jours d'amour
Voulu pour toujours

Dans la foule
En liesse, l'amie refoule

Ses larmes se laissent
Porter d'allégresse,

Son cœur bât tambour
Des mauvais jours.

Un poète
Sortie des oubliettes

Très ému
Dit à cette amie perdue

« Si tu reviens dans la foule,
« Je te reconnaîtrais dans
« L'air de la nuit, et la houle
« Des mots, sera notre océan.

Quatre vertus

Le politique

Vertus de sainteté
Aux accents cyniques.

La justice

Aux vertus de probité
Qui glace.

La police

A sa prudence
En vertu d'injustice.

L'église

Avec sa vertu de dieu
Est l'indécence.

Quatre vertus
Primordiales
D'une société qui tue

L'âme généreuse,
Citoyenne,
Et travailleuse.

D'erreurs
En frileuse justice
De jugements magiques

D'enquêtes
De petite rigueur
Qui déchiquète

Le politique
Légalement
Légifère dans son église

Et Rome
Bénie ces vertus
Pour l'homme.

Vertus du mensonge.
Où est-tu
Vérité des songes !

Hymne à l'amitié

Chercher l'amitié
C'est aimer
Pardonner
Généreusement
Avec sincérité.

Donner son amitié
C'est sourire à l'amie,
Ouvrir son cœur
Avec chaleur
Sans ambiguïté,
Amitié ! Ame à lier
Avec les joies du cœur
Et sa ferveur.

Aucune peine ne doit
Venir troubler
Ce lien étroit,
Soulager ses peines
Sans déranger
L'intimité,
Préserver l'identité,
Liberté de pensée
Si chère à chacun de nous.

L'amitié !
Est un joyaux,
Un bijou
Brillant dans le cœur.

Une fleur
Qu'on entretien
Avec ferveur
Dans le merveilleux jardin
D'amour et d'éden.

Se partage
Sans ambages,
Entre amitié et amour
Lien pur, affectif à la vie
De velours.

L'incarnation

« Un enfant, jouait sur la plage à mettre la mer dans un petit
« coquillage la mer filait entre ses doigts sans qu'il en reste une
« goûte et recommandait inlassablement…

« Un vieil homme, un prêtre, passant pas là, regardait l'enfant
« faire et refaire ce geste, s'approcha, lui demanda…

« Que fais-tu là mon enfant ?

« Je veux mettre la mer dans ce coquillage monsieur,

« Mais mon enfant, tu n'y arriveras jamais, la mer est immense
« ton coquillage est trop petit..

« Certes monsieur, j'arriverai plus vite à mettre la mer dans ce
« coquillage que vous, à percer le mystère de l'incarnation.. »

C'est ce que l'église met en exergue dans la notion de Dieu à travers Jésus

Je veux exprimer un plus large regard de l'image biblique…
Incarner, incruster, infiltrer, l'insidieuse morale religieuse, n'avons nous pas, en ce début de XXIième siècle l'exemple dramatique de cette » incarnation… ! »

L'enfant, par l'image matérielle, donne la puissante valeur de l'incarnation du dogme religieux dans le cerveau humain, notion de Dieu réincarné en Jésus pour les Catholiques, en Mahomet pour les musulmans, « incarné » en lui-même pour les Juifs…

L'incarnation se retrouve dans la notion de « réincarnation » de l'âme humaine dans un autre corps animal. incarnation ou réincarnation sont les désirs à ne pas perdre l'âme, la retrouver dans une autre chair.

Loin de moi l'idée de faire une thèse philosophique sur l'incarnation, le symbole de l'enfant au bord de la mer suffit à lui-même à démontrer que toutes idées de religion révélée, comme la vérité, fuient quant on cherche à en percer le mystère…

La notion de Dieu a pris naissance dans le temps des âges, au début par le fétichisme, puis par l'incarnation en configuration « humaine » (Jésus, Mahomet, Bouddha, etc..) grave danger d'asservissement de la pensée auquel je ne peux adhérer.

Chercher le sens d'une seule vérité c'est vouloir mettre la mer dans un coquillage…la vérité est multiple, toute idée, comme toute chose, ont-leur vérité fuyante entre nos doigts.

L'incarnation de Dieu fait homme, vérité révélée, en ses multiples facettes de croyances, avilissement mental pour l'homme fragile.

Eglises, mur des Lamentations, Mosquées centres cultuels religieux incarnation de Dieu dans les âmes, en chant religieux, fait perdre à l'homme son libre arbitre, l'homme soumis, esclave, d'une vérité révélée.

Je m'identifie à l'enfant, quand la vérité file entre mes doigts, aucune incarnation, à l'inverse des religions, perpétuelles recherche pour le perfectionnement de l'humanité.

Les hommes du monde entier ont plus besoin de « « vérité » » sous toutes les formes, que du « Dieu d'amour » incarné, en je ne sais quoi……

Comment peut-on imaginer une incarnation du «Dieu d'amour » dans la pensée des hommes… ! Quand,

L'inquisition avec Galilée 1554/1642, les scientifiques Montaigne 1553/1592 et ceux du siècle des lumières Descartes 1596/1650 jusqu'à Voltaire (1694 1778) tous ont eut leurs doutes, au refus de l'église à reconnaître les découvertes scientifiques brisants le pouvoir du « Dieu d'amour incarné »

Que de morts innocents ! Au non du « « Dieu d'amour » non, je refuse cette incarnation, la tolérance de pensée peut apporter aux hommes une autre vérité de morale..

Le XXIième siècle sera celui du voyage dans l'univers, modifiant la notion d'incarnation du « Dieu d'amour » dans la pensée de l'homme.

Dieu créateur du ciel et de l'univers et la suite… c'est fini….la prédominance des religions sur les âmes.. c'est fini.

Aujourd'hui le petit enfant dirait »J'arriverais plus vite à mettre la mer dans mon coquillage que vous, à incarner votre perfide vérité dans l'âme des Astronautes ».

Vous qui avez la foi, qui croyaient en l'incarnation du « Dieu d'amour » en vos religions et prophètes respectifs, que pensez-vous des guerres !

Protestants contre Catholiques, en Irlande ?…Juifs contre Musulmans, au Moyen orient ? Eclairez-moi je suis aussi dans le doute….

Un peu de moi

Il y a en moi,
Bien des regrets
Bien des émois,
Tout ce qui a fait
De moi,
Un enfant blessé,
Dans un carquois,
Enfermé,
Eduqué, selon la loi
D'une époque oubliée,
Ce n'est plus moi
Cet enfant déchiré,
On a fait de moi
Un assisté
Sans voix
Ou tout m'était compté
Faits et gestes
Avec grande autorité
C'est ce qui reste
En moi
Et m'a obligé à protester.

J'ai du hurlé parfois
Pour survivre,
Au milieu des bourgeois,
Pour vivre,
Dans la nouvelle société
Y survivre.
J'ai violé

Ma grande timidité,
Me suis arraché
La peau, dans cette société,
A éloigner de mon moi,
L'enfant trompé.

De moi !
Qu'avez vous connu !
Alors, quand suis-je-moi ?

Quand, dans le tohu-bohu,
Je retrouve
La sérénité intérieure revenue,
Ici et maintenant, j'arrive
A retrouver
Un équilibre, le cultive
A travers
Vos étonnements
Voués au vauvert (au diable).
De moi, conservez ce moment
De générosités,
Oubliez mes tourments,
Je suis resté,
Bien au fond de moi
L'enfant de tranquillité.

Un peu de moi
Aux jours des vérités,
Oubliez l'image que renvoi
De ces années
A vos cotés vécues,
Toutes faites d'autorités.
J'ai toujours voulu

En moi
Changer cet aperçu,
Un combat d'exploit
Contre l'ambivalence
Croyez-moi,
A été en permanence
Pour moi
Une lutte de tous les instants.

Combien de fois
J'ai regretté
Mes choix,
Prisonnier
De la dualité
De l'enfant écolier
Le temps est arrivé
Sans m'excuser
De donner ma vérité
Pour conserver
Un petit bout de moi
Sans être oublier.

Sans les évènements contre moi
Aurais-je écris
Un peu de moi ?
Epris
De vous
J'aurais été malappris
A vous
Quitter pour écrire
Ce qui de moi, à vous,
Eu le pire
De ne jamais savoir

Ce que transpire
Mon cœur, à vouloir
Exprimer
Sans vous émouvoir.

Dois-je remercier
Ce sort ?
Imaginer
Mes torts
Vis à vis de vous ?
Je le crie fort
Non ! A vous
Je donne un peu de moi
Que l'amour reste toujours en vous.

Larmes de cœur

Quoi que l'on fasse
Quoi que l'on dise
Tout lasse,

On donne lisse,
On récolte raide,
Tout se brise.

On concède
Pourtant,
Autan que se succède,

Un océan
De mots chagrins
Aux cœurs aimants,

Souvent inamicaux.
Et paroles
Sans oripeau,

Langage frivole,
Quoi que l'on donne
Tout s'envole.

Quoi que sonne,
Quoi que saigne,
Le cœur pardonne.

Ce qui entraîne
Une fontaine de larmes
Soudaines.

Viens,
(A Marylou D.C.D)

Je ne te demande
Rien,
Si non
Un peu de toi,
Rien
Sur ta vie,
Non !
Seulement
Un peu de tes nuits,
Quand ton cœur
A des envies
Et s'ennuie.

Viens
Parler
D'amour,
S'il dort
Toujours,
Alors
Au réveil,
Quand le soleil
Monte
Au Zénith
Sans honte,
Viens
Dire
A ton réveil
Le rêve

De ta nuit
Si brève.
Donne
Ta douce pensée
Oublie,
Vide,
Tes tourments,
Douloureux,
Donne
L'iridescente
De la beauté,
La bonté,
De ton cœur,
Sa couleur,
Son bonheur,
Sa joie,
Son désarroi.

Si rien
Ne vient,
Imagine
Le bien,
Le beau,
Paysage
De ta nuit,
Ou le rêve
S'en est aller

Viens au
Soleil levant
Le dire
A l'ami
Qui dans

Son cœur
A réservé
Une place vide,
Ne crains
Rien,
N'est pas peur
Il attend
Demain
Pour prendre
Ta main
Dans le rêve
De demain,
Pour le bonheur
De ta nuit.
A t'écouter,
T'entendre. ,
Il répondra
De sa voix
Douce
Câline
Comme le miel.
Te diras
Ce que le cœur
Veut écouter,
Viens
Sans honte,
Raconte,
Viens,
N'attends
Pas demain
C'est si loin.

Froidure,

Quand la froidure
Perdure,
Les oiseaux
Dans les roseaux
Ne chantent
Plus, attendent
Le printemps
D'un jour
Moins court,
Donnant au temps joli
Une autre vie.

Quand la froidure
Au temps d'hiver
Perdure,
L'hiver piége
Les fleurs
Sous un manteau
De neige.

Quand le temps
D'hiver, a sa couverture
De givre et de glace,
Moins de verdure,
Seul quelques traces
Dans les champs.

Le ciel a le silence
Du temps coriace
Sous le ciel de brume.
Au temps de froidure,
La bise frisonne
Et perdure.
La campagne moutonne,
Les cheminées fument.

Les différences

Les religions!
Opium des peuples,
Lumière qui aveugle
La raison.

Au service de la charité,
L'âme en perd sa raison
En toute chanson,
Comme en fraternité.

On changera la charité
En justice humaine,
Jamais la haine
En fraternité.

Les mots ont leurs valeurs,
Comme leurs sens,
Expriment avec accents
Bonheur et aigreur.

Sublimes, dans les arts
De ce qu'ils affirment
Souvent en aphorismes
Et pensée sans fard.

Les mots écrits,
Sont des commentaires
A faire apparaître
De merveilleux esprits.

Du génie des mots,
Naît le poète
Pour coquettes
Chansons et rondos.

De rien, l'homme
Crée des différences
Depuis son enfance,
Au nom, de rien en somme

Acrostiche du sigle
I.N.R.I (jésus de Nazareth, roi des juifs)

Image de la
Nudité
Royale
Immaculée,

Je voudrais
Etre,
Sur, de croire aux
Urnes
Saintes.

D'être cet
Enfant

Naïf,
Aimer
Sans réserve,
A vouloir
Rêver
En cette image
Tendre si
Homme.

Rien,
Ou presque,
Identifie

Dieu
Et moins encore
Sur le chemin de

Jésus,
Un homme
Inspiré à offrir sa
Foi
Souveraine.

L'œil miroir

Si vous pouviez,
Lire dans une âme
La force de l'amour
Que l'ignorance condamne,
Mais d'où émane
Des caresses,
Des douceurs, des promesses.

Vous verriez des sourires
Ne pouvant mentir,
Liriez dans les yeux
La prière des gens heureux.
Ah ! Si vous vouliez,
Si vous pouviez
Ressentir l'amour
Du cœur battant tambour,
Vous aimeriez sans rémission
Sans question.
Ni religion.

Vous apprendriez
Ce qu'est aimer,
Ce que la vie sait apporter,
Sans souffrance
Sans indifférence.

Séchez vos larmes,
Quittez vos armes,
Le destin lie
D'amour, pour
La vie, les hommes
De bonne volonté
Si vous pouviez
Lire dans une âme
La force de l'amour
En chacun des hommes.

Joli mois de mai,

Voilà les frondaisons
Et les fleurs
De cette belle saison

Le Muguet de mai
Né à l'ombre des futaies
Dans les bois humides,

Blanc comme un lys,
Clochettes de lumière
Pour homme de misère

Glorifie la fête du travail,
D'un symbole de pureté
Odorante, fragile destinée.

Mythique du bonheur,
Du printemps vainqueur,
Embaume tous les cœurs.

Alma mater
(la pensée nourricière)

Je pense
Donc je suis
Dit Descartes,

De cette dépense
D'énergie
Je construis
Et j'oublie,
Donc m'écarte
Du réel physique
Pour créer
Une œuvre artistique.

La création !
Pensée
Fugitive d'une image
De l'esprit
Au pouvoir de créer.

Au désir
De donner de soi.
Ce sentiment pluriel
De l'art
Qui vie en soi

Inconsciemment, immatériel
Venu, de nulle part
Si non de sois-même

Dans un monde
D'idées fécondes,
D'un univers
Aux reflets d'un monde
Personnel.

De la ville au champ
(sonnet)

J'ai fui la ville et soucis pour trouver mieux
En espérant avoir la joie et le plaisir,
D'une nouvelle vie, ayant le seul désir,
Vivre avec les fleurs, être enfin heureux.

A l'orée du bois, est un sentier caillouteux,
J'aime y promener, goûter et ressentir
La fraîcheur du ru sous fleurs et souvenirs.
De la ville au champ rien n'est plus merveilleux.

La beauté champêtre à mes yeux ébahis
M'en ivre de bonheur, laissant en mon âme
Une douceur des lieux, un joli paradis

Si pauvre en ville, a pu m'être aussi
Riche en souvenirs aussi beau et calme
De la ville au champ j'ai vécu mes envies.

Le temps du recul

Avoir bien des choses
A dire
Sans que ce soit
Le pire
Ai-ai-je tout dit ?
Je ne sais pas !
Effeuillons la rose
Noire du temps

Aujourd'hui et maintenant
Croquer la vie,
Chercher
L'amour vrai,

Avoir louper
Sa vie
Matérielle, avoir
Cru donner,
Et avoir
Eu l'échec au réveil

L'âme déchirée
Le cœur transpercé
La solitude
Des jours les plus isolés.
L'analyse,
Est le calcul des erreurs
D'habitudes.

Aujourd'hui et maintenant
Fatigué j'ai ce temps
De donner encore
Pendant qu'il est temps
Sans ne plus rien
Attendre, ni espérer
Du temps qui passe
Et qui, petit à petit s'efface.

Acrostiche 14 du sigle C.I.P.A.F

Cercle
International de la
Pensée et des
Arts
Français.

Cher ami André Pourtier,
Encore un mot de
Reconnaissance à te dédier
Ces vers,
Largement mérité,
Entre nous, très cher.

Il faut faire du souvenir, une
Nouvelle vie,
Tendre, aussi
Enjouée que de fortune
Réelle,
Normalement belle
Avec et
Toujours, sans
Intérêt.
Oublions, en
Nous les soucis
Amers, pour ne pas les
Les immortaliser.

De cette
Expérience,
La leçon en
Amont, est d'avoir été un

Président
Exceptionnellement
Nuancé
Serein,
Entre blanc et noir
Estimé

De ceux qui
Encore aujourd'hui
Se souviennent.

André.. !
Reçois personnellement
Toute ma
Sincère et

Franche amitié,
Rappelons-nous, sans
Ambages de
Nos vieux ans, en
Collaborations
Accolade fraternelle
Indéfectible, éternelle.
Salut, merci ami André.

La Clef d'or

Un bruit
De clef,
Ils sont entrés
L'escalier
Crisse,
Puis se glisse
Furtivement
A petit pas
De loup,
Délicatement
Sans bruit
Sans coup.
Ils sont là.
La porte
Se ferme,
Plus de perme.

Demain
Sera un autre
Jour, qui revient
Comme les autres.

Et moi,
J'attends
Leur présence
J'écoute
Le cœur en émoi.
Leur absence
Me déroute

J'aime ce bruit
De clef,
Et ces pas dans l'escalier.
Ils sont rentrés,
Rassuré,
Je m'en dors
Dans mon décor.

Deux amours

Un !
Au pied d'une colline,
Le vieux village

Où j'ai grandi
Au son des matines
Bien sage.

Où j'ai vieilli
En y risquant la vie.
Oh jeunesse
Enchantée,

Où à l'ombre des vieux
Platanes argentés
J'ai vu venir un jour
L'amour.

L'autre !
Une jeune fille
Aux yeux noirs
Bien sage,
Venue, gentille
Offrir son amour
Au village
Pour toujours.

Deux amours
A mon cœur ravi,
Dont se souvient
La vie
Sans chagrin,

Reste
Ces mots jolis,
Sans tristesse.

Le village
Et la fille aux yeux noirs.

Les yeux noirs

Le destin
Un soir d'hiver mouillé
Un certain matin
Me suis réveillé
Avec elle
Avec au cœur
Cette belle fleur
Aux yeux noirs
Chargés de douceur.

Sa peau couleur,
De la blanche Orchidée
A fait battre mon cœur
Généreux des années.

Chaque instant
Passé ensemble
Un souvenir de présence
D'importance
La fille aux yeux noirs
Conquise un soir
A été ma déesse
Aujourd'hui ma faiblesse...

Deux amours
(suite)

De ce lien
D'amour sur le chemin
De la vie,
Un autre, peut être qui
Sait,
Saura offrir
A l'amour
Un autre nom,
Lié,
Plus au désir
De la survie,
Qu'à l'amour vrai.
Sans dire non.

Nul ne commande
A la nature
J'aurais donné
Sans usure
A la jeune fille aux yeux noirs
Et sans coupure,
Ce que la vie demande
De plus cher,
L'amour et le pardon
Des noms.

Quand l'amour
Est lumière
Des jours

Du souvenir, l'énergie
Tout entière
De la vie
Transporte nos âmes,
Au-delà des rires
Et des pleurs,
Il faut le dire,
Quand le bonheur
A connu la chose
De l'amour.

Bon vent
A l'autre, d'apprendre
Comment
Reconnaître
Les sentiments généreux
De la fille aux yeux
Noirs.
L'amour ne se vole jamais
Il naît
Un soir
De la jeunesse des cœurs.

Au pays du pardon !

Elle courait
Sur la plage
De sable gris,
De sa Bretagne chérie,
Une belle image
A la voir céans,
Barbotant
Pieds nus,
Dans l'écume
Légère
De la vague,
Comme plume
Au vent,
Dans sa robe blanche
Du dimanche.

Elle ressemblait
A ce goéland
Suspendu
Dans
L'air du vent,
Venu
Du large.

Que la Bretagne
Est belle,
Sous son manteau
De bruine,
Face à l'océan

Des tempêtes,
Quand les grands oiseaux
Trompettent
Et nous fascine.
Disait-elle !

Elle se souvient
Du jour
Où, sur la plage
Elle courait
Le cœur en émoi,
Vers l'amour,
Du partage
Pour son roi.

Le chemin difficile

L'homme est mort !
Il était Pape du monde
Arrivé au port
Du chemin difficile
Il eut des rapports
Humains sans fronde.

Je rends hommage
A l'homme de cœur
Qui avec courage
Sans goupillon
Su donner bonheur
Pardon et liberté
Aux hommes opprimés.
Dans le monde
Brouillon
De nos sociétés.

En homme libre
Quand un homme
Parle aux hommes
Paix, générosité
Toutes les fibres
De mon cœur s'associe
A cet espoir de vie.
Pour une meilleure humanité.

(Décédé le 02 avril 2005 souvenir de mémoire)

La cigale

Dans la terre
Nourricière
Je vis dans la poussière,

La terre
Est ma chaumière
Des années entières.

Et un jour de juillet
Je chante l'amour
Perchée sur l'Olivier

Juste, pour un soir,
Puis je fuis
A nouveau, bonsoir.

Dans la sereine nuit
Pâle et blanche
Je ne suis

Plus qu'ombre
Ainsi, en armature
Je sombre

Pour des lustres,
Dans l'oublie,
Ma nymphe se lustre

Pour une nouvelle vie
Comme le pélican
Re naître toute jolie

Ré apparaître céans
Sur mon perchoir
D'antan

C'est l'hiver

Sapins
Givrés
Jardin
Enneigé
Les oiseaux
Au nid,
C'est l'hiver.

J'ai l'âme
Nourrit
De cette atmosphère
De beauté
Ephémère.
Un ciel gris
Au loin,
Dans la brume
Légère
Les branches
Blanchies
Frissonnent
Sous la brise,

Tout est silence.
La vie
S'endort
Dans ce décor
Immense.

Je souris
Au vol d'un oiseau
Cherchant
L'abri.
A l'écureuil
Instable sur sa branche.

C'est le temps
D'hiver
En paysage de coton.

Les neufs muses

La célèbre

Clio ! L'épique,
Symbolise la poésie
Et l'âme poétique.

La charmante

Euterpe ! Muse
De la musique,
Dont joliment on s'amuse.

La Florissante

Thalie !La comédie
Au bâton
Et masque de vie.

La chanteuse

Melpomène ! Tragédienne
Masquée
A la massue Herculéenne.

La séduisante

Terpsichore ! La lyrique
Poétique
De la danse et de la musique.

L'Aimable

Erato ! Poésie
Erotique
Préside à l'élégie.

L'inspiratrice

Polymnie ! Les hymnes
Héroïques
Aux mimiques anonymes.

La céleste

Uranie ! Muse du ciel
De la terre
Au compas et logiciel.

La belle voix

Calliope ! L'éloquence
Et le style
Des convenances.

Oh ! Muse,

Fasse que le temps,
Qu'un peu ici, m'amuse,
Quelques instants,

A taquiner Thalie,
Polymnie
Et Uranie
Avec des mots inédits.

Oh ! Muse, délivre-moi
Des tristes jours d'émois,
Emporte-moi aux étoiles
Vers des cieux sans voile.

Je sèmerai des étoiles,
J'éclairerai la nuit noire
Avec les rayons du soleil,
J'irai dans mon sommeil

A cheval, sur la comète
Halley, visiter la maison
Des dieux, les planètes,
Les galaxies, à l'horizon,

Des logis des Muses,
De tous les arts.
Fasse aussi que j'abuse
De vous, sans écart.

Prière du juste

Je ne suis pas un homme
De prière,
Si je devais, en somme
Offrir une prière,
Voilà mon
Homélie,
Que de raison
Pour toi, mon amie.
Dieu des miséricordes
Accorde
Moi avec ta prière,
Ta lumière
Des justes,
Qu'elle chasse
Mes douleurs
Seigneur.

Dans la pureté
De ma foi,
Fasse que ma volonté
Soit la force des rois
Et princes de la terre
Sans misère
Que cette prière
Divine, aux dieux
De la terre, du ciel,
Et de tes églises
J'invoque
Ici, saint puissant

Dieu des vivants,
Que tu pénètres mon âme
Sans péché.
A te voir non offensé
Dans ta sainteté
Mon dieu.

Accordez moi
Le soupir de vie,
Que je réclame
Donne à mon cœur
Cette plénitude
De bonheur
Que d'habitude
Je distribue
De tout mon cœur.

L'amie, partie trop tôt
(Marylou)

Elle habitait mon cœur,
Et de cette infinie
Douceur,

Nous en partagions à l'infini
Des instants éclairés
De bonheur.

Tant de jours passés
Dans le silence, étant
Des heures non oubliées.

En nous envoyant
Ces mots muets j'ai compris,
Que l'amitié, c'était important

L'amitié ! Faisait une partie
De nous, disait-elle
Oui, l'amie trop tôt partie,

Si jeune, si femme, si belle
Brisée par la vie
Comme l'écume rebelle

Sur la roche durcie,
Où se brise la vague échevelée.
La vie, est sans sursis.

Fatal destin de l'amitié
Au silence du cœur,
Mon âme est déchirée.

BB chat

Félin
Atypique
Malin
Mimiques
Et câlins
Hypocrites.
Donne
Quand il veut
Etonne
S'en va ou il veut
Ne revient
Qu'aux matins
Pour la pitance
Sans reconnaissance

Fait toilette
Complète
Tourne et retourne
S'en roule
Se moule
Entre les pattes
Ainsi nous épate.

Fait ronron
Et dos rond
Seulement sommeille
S'éveille
Au moindre choc
De tout un bloc
Saute sur ses pattes
S'étonne
Repart l'acrobate.

La chandeleur
(02 février)

La chandeleur
Est au temps de rigueur
Ce que l'été,
Est à la chaleur.

Quarante jour après Noël
Pour un repas de miel
En chandelles de lumière,
Et sans la prière..

Dans sa tanière,
L'hiver comme l'Ours
A pour quarante jour
Un temps de misère.

Autant de fleurs
Dans nos champs que de dictons
Dans nos régions
Pour la chandeleur

Dans le Gars

Quand le soleil est lanterne
Quarante jour après, il hiverne.

Dans le Nord

Quand la chandeleur luit,
Quarante jour après, le jour fuit.

Dans les Pyrénées

Lorsque le temps est beau,
Le berger fait paître le troupeau.

Dans le Vivarais

Quand le soleil est brillant,
Il fait plus froid, après qu'avant

Au pays basque

A la chandeleur la verdure,
A Pâque, la neige dure.

En Bretagne

A la chandeleur
Le jour vient à six heures.

Beau, froid
Pluvieux ou neigeux,
La crêpe est tradition
Dans toutes les régions,
Proverbes ou dictons
La joie est en maison,
Pour un dessert généreux
Quelques beaux soirs.

Des mots ! Des mots !
(Ces « pingouins »)

Des mots, des mots,
Et le peuple s'en va en guerre
Des mots, des mots
Et le peuple souffre.

Des mots, des mots,
Et le peuple attend les sous
Dans la rue,
Pour manger comme eux
Sans être nu
Dessus, dessous

Des mots, des mots,
De ces « pingouins »
Froid du bec,
Et de la main.
Des blancs-bec
Qui pissent haut
Et beau.

A nous aimer,
Nous donner
Retraite
Sécurité sociale,
Tout s'en balle
Sans jamais se taire.

Ils sont vaches !
Nous ! Les pis
De ces vaches
Et gratis

A eux les mots
Qui tuent.
A nous les questions
In situ.
Ils vocifèrent en chambre !
Le peuple pleure
En demeure,

A droites !
Des paroles froides.
A gauche
Rien n'est moins moche.
A nous la chanson
A eux les blasons.

Peuple de France
Tu as ta chance
Montre aux « pingouins »
Ton bulletin
Ne reste pas dans ton coin
Vote pour le peuple.

Et souviens-toi,
Les « pingouins »
Sont toujours manchots
Pour toi.

L'équerre et le compas

L'esprit
Domine la matière

L'équerre
En vertical
Est comme en horizontal,
Rectitude
Et certitude,
Equilibre
Des degrés
Du nombre
Parfait
Quatre vingt dix degrés.

Le compas
Est science
De l'esprit mathématique,
Symbolise
L'ouverture théorique
Des connaissances
Dynamiques
De l'existence.
Union des individus
Sur un point
De la circonférence.

Leurs croisements
Entre-lasse
Ces valeurs morales
De l'esprit et de la matière.

Georges,

Un prénom charmant
De gens illustre
Aimant le chant
Des oiseaux
La mer, la nature,
L'amour des rimes
Dont je suis à court.

Ton talent
Digne des grandes cours.
Venu discrètement
Dans mon cœur
Tes poèmes
Que j'aime
A relire infiniment
Avec grand bonheur
Merci mon dieu
Qui m'infligez ces souffrances
M'avoir permis
De recevoir un poète
Dans mon cœur, dans mon âme.

Joli Georges
Charmant poète
A mes yeux, égal
A G.Sand dans mon cœur
Tu prends une place immense
Jamais en cendres.

Au pré de toi je re découvre
Joies, et jolies choses
Qui ont la fraîcheur
Des belles roses.

Toi ,qui de ton cœur
A volé en mon cœur
Jusqu'à moi
Pour un grand bonheur

Chambre d'amour

Dans cet espace,
Ou ne se passe
Que douceur,
S'ouvrent les cœurs.

Lieu charmant
D'amour brûlant,
Parfois difficile
Pour jeune fille !

Pièce fort agréable
Des mots désirables
Et doux, sourire
Gentil, pour rire

Chambre d'amour
Pour aimer,
Où la vie se crée
En ce lieu, tant désiré

Lieu de mémoire
De tous les instants
De bonheur sans histoires
De nos chers vingt ans.

Farandole des muses

Oh ! Muses
Soleil de nos nuits,
Joie de nos jours,
Parfum de notre âme.

Vous êtes ces comètes,
Nous emportant
En fête
Dans les étoiles,
Sous le voile
Des nuits folles.

Dans ce ciel sans chagrin
Sur les ailes du rêve,
Prenez nos mains,
Pour nous joindre
A moindre
Fatigue, à votre ronde
Brève.
La farandole des muses.

Il me suffit de peu

Il me suffit de peu
Pour me faire sourire.
Une fleur, un regard.
C'est si peu
Voilà mon empire

Il me suffit de peu
Un rayon de soleil
Et je suis heureux
M'apportant sa chaleur
Autant de chose
Qui font chanter mon cœur
C'est si peu de chose

Il me suffit de peu,
Une petite intention
Pour être joyeux
Un petit frisson
D'une joie sincère
C'est tout ce que j'espère.

Il me suffit de peu,
Pour réchauffer mon cœur,
Une douce parole
Dites avec chaleur
Sans protocole
Pour espérer, croire
Encore, à la foire
De la vie.
Oui si peu il me suffit.

Acrostiche 15
(Dominique pseudo Heidi)

Du jour
Où la rencontre sans
Même la chercher,
Indubitablement est venue tout
Naturellement sans,
Invite particulière, ce
Qui nous a
Unis ! Lus mots
Et l'envie de

Partager nos
Savoirs intellectuels sans
Eglise, sans égoïsme
Ultra personnel
Dans un désir non
Obligé.

D'échanger toutes
Inspirations. et savoir
Taire nos
Energies sans

Hésiter, aux habituelles,
Emanations naturelles
Implicites, aux
Dangers de nos
Impulsions.

L'amitié forge les caractères

Distique d'amertumes

Dans mon cœur chagrin
Les larmes du matin,

A mes yeux rougis
De la petite nuit

Il est des jours moroses
Sans rose

Comme des nuits perdus
En fleur de lotus

Chaque jour suffit
Sans joie et sans vie

Amour, amis, festins
Disparus un jour sans fin

Larmes d'amertumes
En rivière d'écume

Ces larmes amères
Sont des prières

Au désarroi de mon âme
En flamme

Condamné en enfer
Par des mots en l'air.

Cinderella-fée

Un soir
Vint
Une fée
Belle
Comme l'amour.

Cinderella-fée.
Lui dis-je,
Viens dans la nuit
Chanter
A mon cœur !

Oui joli poète
Me dit-elle,
Je viendrai
Sur mon petit nuage
Chanter
Sous les étoiles
Pour toi,
Mon roi.

Rêvant
Au chant
Des étoiles
Je souris
Et m'endormi
Laissant à Morphée

Le soin

De m'emporter
Loin
Dans la nuit
Retrouver
Le chant
De Cinderella
Venu un soir.
Me voir.

Retour de la réunion
(Saint Denis)

Mon fils, tu
Reviens
D'un voyage lointain
Tu n'as rien dit.

J'aurais voulu
Ecouter de ce beau
Voyage
Quelques mots,
Voir quelques images.
Rien de rien
Ni souffle, ni chagrin.

Du tatami,
A tes jeunes amis.
De ce paradis !
Qu'as tu retenu ?
De ces cimes nues
De l'Ile de « Bourbon »

La Réunion,
Aux verdoyantes plaines
Au pied des chaînes
Du piton des neiges.
Terre hospitalière,
Privilège

Où tu as été reçu
En prince du sport
Aux pieds nus.
Du bruit de ton silence
J'écris
Ces stances
Parfumées du rêve
D'une parole brève.

L'orchidée rouge d'Irlande

Dans un pré,
Quelque part égarée,
Une Orchidée !

Me suis penchée
Sur cette fleur parfumée.
Lui ait parlé,
M'a charmée,
M'a offert son amitié,
Nous avons écouté,
Le chant du coucou à l'orée
Du bois mouillé
En ce matin de rosée.

Oh ! Chant embaumé
De parfum sublimé
De cette fleur colorée,
Magie de sérénité.
En ce matin d'été
Le cœur chiffonné,
J'ai vécu du passé,
L'essentiel simplifié
De la vie, beauté
Des silences drapés
De verdure découpée,
En cette Irlande des Contés.

On a volé ma liberté !

Libre comme le vent
On a volé ma liberté.

Je pouvais aller
Au gré du temps

Maintenant
Triste, et désolé.

Aujourd'hui !
Je ne sais plus où aller

Suis confiné, étiolé
Dans mon petit nid

Comme dans mon enfance
Sans plus de liberté

Tout recommence,
On a volé ma liberté.

Je cris ici ma peine
A l'âge ou les libertés.

Sont importantes encore
Pour un peu de temps….

Acrostiche 16
(Gontran ! Un ami du Québec)

Généralement très
Occupé
N'hésite pas, de donner à
Tous, sur les
Réseaux informatiques, une
Assistance généreuse et
Notable.

Donne ces
Informations avec
Talent.

Gontran !
Un ami,
Gentil aimable offre avec
Utilité son
Savoir technique.

Malgré ses
Obligations
Nombreuses. est un

Ami
Merveilleux
Imprégné

D'une
Unanime

Qualité toujours
Ultra amicale
Eblouissante de
Bonté à
Etre
Conviviale

Pensées CXVII à CXXI

Pensée CXVII

Si les vieux chênes pouvaient raconter ce qu'ils ont vue, et les tableaux ce qu'ils entendent, les hommes seraient peu fier.

Pensée CXVIII

Un texte bien construit, est une jouissance de l'esprit

Pensée CXIX

Les grands du monde politique, au non des peuples déclarent les guerres, mais meurent dans leurs lits.

Pensée CXX

La poésie est l'âme d'un homme libre et la liberté d'un pays

Pensée CXXI

Aux âmes propres, le vide des anciens, rapproche les cœurs quand les grands événements de la vie, font ressortir les sentiments.

Le soulier hypocrite

Semelle de mousse,
Comme un vol
De Gerfauts
Je fonce
Indiscrets,
A surprendre
Sans attendre réponse,

Silencieux
Comme le grand-duc
Malicieux,
Je marche
En mollusques
Dans l'ombre,
Doucement
Hypocrite.

Comme l'océan
Tragique
Sur la roche
Le soulier
De crêpe décoche
La peur
Et non le meilleur
De son pas
Douillet.

Bonjour Marylou
(D.C.D en décembre 2004)

Bonjour,
Le jour
Où nous
Nous sommes
Rencontré

Sur le salon
Où l'on cause,
Oh ! De si peu de chose,
Nous avons
Dialogué,
Nous nous
Sommes reconnu,
Puis devenu
Amis.

Les mots
Du silence,
Duos
Sans voix,
Sont images
De l'esprit,

Un message
Ecrit
Sans page
Qui reflètent
L'âme du poète.
Voyageant
Au vent
Du large.

Bonjour les mots
Qui sur l'écran
Donnent
Au sujet de l'instant
Ecrits ça et là,
Un bonjour
Attendu.
J'aime les mots
Et les verbes nus

Poésie courte

Quand la plume écrit
Des mots jolis
Le cœur sait lire

Quand la plume écrit
Des mots vilains
Le cœur ne sait que dire

Mots jolis
Ou mots malins
Il n'est meilleur envie
Que de chasser le chagrin.

Le cœur a sa raison
Que la plume
Ignore au salon

Que reste t-'il ?

Que reste t-il de mon village ?
Plus qu'une image.

Que reste t-il de l'amour
Perdu un jour ?

Seul, reste une ombre
Du temps qui sombre.

Que reste t-il de la vie ?
Même plus une envie.

De ceux que j'aime ?
Un peu de peine..

De les voir s'évanouir
Dans le souvenir,

Au vent du temps
Comme pétales au vent,

Glissant chaque jour
Dans le dernier puits d'amour.

Que restera à vous
De ce vieux fou… ?

Comme le vieux village,
Qu'une vielle image...

Au-delà de la parole perdue
(ou la dernière vie)

Fini !
Me voila seul,
Ma vie
Est sur les ondes
Je m'en inonde
Avant le linceul.

Oh ! Je sais,
Ne te laisserai jamais

M'a t-on dit,
Une visite
Si elle est attendue,
N'est jamais
Une vie.

J'attendais
Des joies partagées,
Des rires,
Des confidences
D'enfances,
Rien n'est venu,
For chagrin,
Et déçu,
Des matins
A si peu de parole.

Oui, j'aurais
Des appels
De bonne santé
Des visites
En été
L'hiver sera triste.

Je donnerai
Le reste de ma vie,
Tout ce que j'ai à dire
Aux ondes.
Le pire,
C'est là où j'ai
Un peu d'écoute,
Certes virtuelle
Qui appelle.
De douces paroles
Même courtes.

Mon âme
S'en vole
A ce plaisir
Tant j'ai ce désir
A revivre
Cette flamme.
Sur les ondes
A la recherche de la parole
Perdue.

A mes chers enfants

Table des matières

Préface..9
Méditation..13
Le soleil jaune..14
L'autre et moi,..16
J'ai rêve de vous madame..................................18
Mélusine ?..19
Rencontre du destin..19
Au revoir Jean, mon F..20
Solitude d'un soir..22
Que dire ? Que faire ?..24
Cœur de femme..26
L'orchidée..27
Une amie fragile...28
Course au temps...29
Astrologie, comportements humains..................30
Je t'aime !...42
Pour une amitié,...43
Pensées CXIV à CXXIII....................................45
Le tiroir..47
Sous l'amandier...49
Acta est fabula...51
Acrostiche,..52
Les larmes d'une amie.......................................54
Quatre vertus...56
Hymne à l'amitié...58
L'incarnation...60
Un peu de moi...63
Larmes de cœur...67
Viens,..68
Froidure,..71
Les différences..73
Acrostiche du sigle..75
L'œil miroir...77
Joli mois de mai,...79
Alma mater...80
De la ville au champ...82
Le temps du recul..83
Acrostiche 14 du sigle C.I.P.A.F......................85
La Clef d'or..87
Deux amours..89

Les yeux noirs	91
Deux amours	92
Au pays du pardon !	94
Le chemin difficile	96
La cigale	97
C'est l'hiver	99
Les neufs muses	101
Prière du juste	104
L'amie, partie trop tôt	106
BB chat	107
La chandeleur	108
Des mots ! Des mots !	110
L'équerre et le compas	113
Georges,	114
Chambre d'amour	116
Farandole des muses	117
Il me suffit de peu	118
Acrostiche 15	119
Distique d'amertumes	120
Cinderella-fée	121
Retour de la réunion	123
L'orchidée rouge d'Irlande	125
On a volé ma liberté !	126
Acrostiche 16	127
Pensées CXVII à CXXI	129
Le soulier hypocrite	130
Bonjour Marylou	131
Poésie courte	133
Que reste t-'il ?	134
Au-delà de la parole perdue	135

Contact : g.sanguinetti@free.fr
Catalogue : http://www.bod.fr

© 2013, Hiram

Edition : BoD - Books on Demand, 12/14 rond-point des Champs Elysées, 75008 Paris
Imprimé par Books on Demand GmbH, Norderstedt, Allemagne

ISBN : 9782810627110

Dépôt légal : janvier 2013

Photographie de couverture : Portrait de femme de Georges Sanguinetti